AF318215

DERNIÈRE JUSTIFICATION

DE M. MARCET,

OU

COPIE DES LETTRES QUE SA FEMME LUI A ADRESSÉES DE CAROUGE, DE BIENNE, DE FILINGE, ET DU BETTON,

SUIVIE

De sa correspondance avec le Directeur de l'hospice du Betton, et d'une copie du Testament fait par sa Femme le 10 octobre 1830.

BOURG,

IMPRIMERIE DE P.-F. BOTTIER, LIBRAIRE.

1832.

DERNIÈRE
JUSTIFICATION
DE M. MARCET.

___

COPIE

De deux Lettres écrites de Carouge par Mme Marcet,
pendant la première semaine de sa maladie.

Je m'abats à tes pieds, Marcet, je reconnais tous mes péchés, je t'en demande pardon, mille et mille fois au nom de Dieu; je me reproche amèrement d'avoir quelquefois parlé de tes défauts. Hélas! le bandeau sur les yeux, je ne pensais pas assez à m'examiner, et je cheminais dans la route de la vie comme une insensée; j'ai donc rendu malheureux tout ce qui m'entourait. Que toi et les Pasteurs Gathy et Eymard décident de mon sort, que Coindet père assiste lorsque ces Messieurs se seront prononcés. Si ces Messieurs jugent que je dois vivre pour le repentir ou que je mérite la mort avec humilité, j'obéirai aux bons Pasteurs. S'ils veulent ma vie, qu'ils me placent où ils voudront. Si Marcet veut que je quitte son nom, je le quitterai, et nous anéantirons ensemble, en présence de ces Messieurs, notre contrat de mariage. Désirant éviter des formalités, je signerai ce que mon mari et ces Messieurs jugeront nécessaire pour empêcher toute formalité publique. Si l'on veut ma vie, que ces Messieurs soient mes directeurs et me tracent la conduite que je dois tenir tous les jours, qu'ils me placent où ils voudront et nomment quelqu'un qui me surveille et rende un compte exact de ma conduite de tous les jours ; que chaque jour un des Pasteurs vienne prier le matin avec moi et me lire un chapitre de la Bible ; que ma nourriture soit celle accordée à ceux qui ne se sont pas bien conduits ; qu'on me permette de me servir moi-même et de m'habiller comme je l'entendrai, c'est-à-dire avec tout ce qu'il y a de plus grossier. Je demande de travailler pour les pauvres. Si après un temps déterminé par ces Messieurs, ils jugent que je dois voir ceux que j'aime, je les verrai ; mais il me semble qu'à présent je ne dois m'occuper que de travailler à mon salut. Je recommande à ma sœur ses enfans ; qu'elle apprenne de moi à suivre la carrière que la Providence lui a tracée. Qu'elle remplisse tous ses devoirs de mère, je la supplie de mettre toute sa confiance en Dieu et de pardonner à sa sœur. Et toi, Marcet, si tu veux quitter Genève, ne maudis pas Sylvie, mais pardonne. Je m'en remets à la décision de nos Pasteurs, tendez une main secourable à celle qui s'abat et se repent, et qui, si vous le voulez, vivra malgré les souffrances de son ame, pour prouver, par sa conduite, tout son repentir. Je supplie mon mari de ne plus dire du mal de mon père et de ma sœur, s'il y a eu des torts réciproques, je crois qu'il peut en avoir comme eux, je ne déciderai jamais la question.

Communique cet écrit promptement à ces Messieurs ; il me tarde que mon sort soit prononcé, il y va de mon avenir.

Signé : Sylvie MARCET.

Que M. Laurent Eymar accompagne son frère dans les conférences qui auront lieu ; si nos Pasteurs ont besoin du premier Syndic pour que tout soit en règle , je les prie de vouloir s'adresser à lui.

Je viens te faire le tableau de ma position morale. Depuis un an arrivée à Ferney, quelque temps après l'arrivée de Mme Loup, je sentis le besoin d'assister au service divin et de m'occuper des malheureux; je sentis, qu'après tout ce qui s'était passé, je devais pour racheter auprès de Dieu le malheur que j'avais eu de rendre malheureux tout ce qui m'entourait, pendant des années, il n'y avait qu'un seul moyen, c'était d'écouter le cri de ma conscience qui me criait : Vis dans la retraite ! prie Dieu et fais du bien !.... Je te rends justice, tu m'as laissée libre de faire du bien, d'aller à l'Eglise , mais tu m'as obligée de toutes les manières à rentrer dans le monde. J'y suis allée, mais avec un sentiment douloureux; j'ai fait la gaie, mais avec la mort dans le cœur. Rien ne peut rendre le supplice de celle qui est obligée pour ne pas t'irriter de cacher tout ce qu'elle sent et qu'elle éprouve sous le masque de la gaîté. Tu m'as souvent bien dit du mal de ma sœur, de mon père. Si je veux prendre leur défense, tu te fâches. Je veux parler des Pasteurs, de l'Eglise, à une autre vie, à Jésus-Christ. La Bible, selon toi, n'est qu'un ouvrage inventé par les hommes. Tout cela me trouble et me désole. Tu m'as obligée de vivre dans le tourbillon et peut-être m'éloigner de Dieu ; prie pour les péchés que j'ai pu commettre. Laisse-moi diriger ton ménage, ta maison, malgré mon peu de capacité; je ferai tout ce que je pourrai pour recevoir tes amis ; je te soignerai si tu es malade. J'ai trouvé un écrit à Ferney contre mon père, je l'ai lu et brûlé. Si tu as pitié de moi et que tu m'aimes, lorsqu'on te parlera de moi : — ma femme désire rester chez elle, mais elle recevra bien ceux que j'amènerai chez moi. Je te supplie, point d'autres explications.

Signé : Sylvie **MARCET**.

COPIE

Des Lettres et Billets écrits de Bienne, de Filinge et du Betton.

J'ai envoyé la lettre de M. Pictet à M. Bridel ; je travaille pour les pauvres. Ah ! si tu veux me reprendre chez toi, m'accorder du pain et de l'eau dans ta maison, je me couduirai bien, et si tu viens malade, je te soignerai. Tu prieras Dieu qu'il retire à lui l'infortunée Sylvie, peut-être qu'alors je trouverai des cœurs qui m'enverront auprès de Dieu, si tu en fais la demande.

Marcet, tu m'abandonneras sans t'inquiéter de mon bonheur avenir. Marcet, tu ne sus pas demander la guillotine ; le parterre que Sylvie fit ranger doit te dire : Elle te demande la mort. Tous les arbres, les fleurs, la nature, tout te dira jusqu'à la fin : Sylvie souffre, Sylvie voudrait aller au ciel, Sylvie demande sa mère et son mari, et Marcet l'a maudite, et tu l'as maudite, tu l'as maudite. Je voudrais qu'avant ta mort tu vinsses visiter ce parterre ; il te parlerait pour moi, et cependant toute la nature doit te crier : Rends-lui sa mère et son Dieu, rends-lui le ciel, travaille à la retirer du malheur où elle gémit.

Je ne te demande pour être heureuse que de m'obtenir ce que je désire, c'est-à-dire, d'être réduite en cendres, guillotinée ou pendue, et de venir me chercher. Sois le protecteur de celle qui songe à toi et ne désire que la mort ; je suis sûre que tu ne m'oublies pas et que quelquefois tu souffres en songeant à moi. Je suis ici gardée à vue comme le dernier des monstres ; sens-tu ce que mon âme souffre ? Ma tante est venue, et Mme Bridel m'a écrit pour aller chez elle lundi ou mardi, mais je suis trop triste pour y aller : quel supplice que la vie ! Adieu, écris-moi et annonce-moi l'heureuse nouvelle que je quitte ce pays. Bien des fois ta malheureuse femme se serait laissée mourir de faim, si elle n'avait pas peur d'être touchée par ces docteurs ou domestiques de la maison, adieu. J'apprends dans ce moment que les lettres que je t'écris ne parviennent pas. Adieu, dis à Rosanne que je *l'aime encore et que je songe souvent à elle et au temps où je travaillais près d'elle* ; elle sentira mieux que personne ce que je dois souffrir.

Je ne peux pas me plaindre des soins que l'on me donne, mais ils me sont à charge, parce que ce n'est pas des bons dîners qu'il me faut. Ces dames sont bonnes pour moi.

---

14 juin.

Je viens te supplier de m'emmener à Genève ; je ne puis supporter l'idée d'être chez un droguenr, gardée à

vue , et voudrais obtenir ou de la France ou de Genève
que l'on termine ma vie ou d'une manière ou d'une autre. Sois mon protecteur; Sylvie te supplie de ne pas la
laisser ici.

———

Marcet, comme tu m'as dit que lorsque je me serais
remise au travail, tu me viendrais chercher, je viens te
dire que j'ai tricoté une paire de bas pour les pauvres;
je travaille à une paire à toi, puis je suis aujourd'hui chez
ma tante, je lui ai tourné un drap l'autre jour. En con-
séquence, tu dois venir me chercher promptement.
Ceux chez qui je suis sont charmés, tu comprends, d'a-
voir une personne de plus en pension; du pain et de
l'eau et du travail chez toi valent mieux : je pourrais
alors donner mes repas aux pauvres.

Adieu, j'espère que tu es bien, Sylvie te souhaite une
heureuse journée.

Comme ma tante Verdan pense que tu viendras inces-
samment, elle te prie de lui apporter des graines de
légumes, telles que laitues romaines et autres.

R. S. T. promptement.

———

J'ai écrit à M. Bridel, c'est-à-dire, envoyé la lettre à
M. Pictet, que je soupçonnais que tu n'avais pas envoyée;
il m'a répondu que c'était fort inutile d'envoyer des lettres qui ne seront pas lues; je m'adresse donc à toi. Si
tu voulais venir me chercher, je soignerai tes derniers
jours, et j'ose espérer qu'après ton décès, tu recomman-
derais à ceux qui t'entourent de me réduire en cendres,

ou de me donner la mort d'une façon ou d'une autre,
du pain et de l'eau mangé chez toi. Ah! je souffre ici;
je vois mettre le corset des fous à ceux qui ne veulent
pas manger; l'autre jour je suis restée tout le jour sans
le faire: on m'a pincé le nez; j'ai résisté et cela m'a
réussi. Aujourd'hui j'ai bien vu le corset des fous, car
c'est impossible de pouvoir résister contre trois; j'ai donc
mangé pour ne pas être massacrée. Au nom de ta mère
viens me chercher, je travaillerai chez toi. Je vois près
de moi une femme bien malheureuse d'être ici, son frère
la laisse. Je vois une autre folle dont les bras sont liés,
qui m'a prise en amitié. Toutes sont plus heureuses que
moi. Au nom de Dieu, sors-moi d'ici. Hélas! ma chambre est fermée à clé; l'autre jour, par un beau jour de
pluie, j'ai sauté par la fenêtre et je gagnais la rivière.
Hélas! je n'avais plus que quelques pas à faire, et j'aurais été heureuse, j'aurais retrouvé Marcet dans un
monde meilleur. Viens, viens me chercher. J'ai écrit
l'autre jour à Mme Vialat; je voulais savoir si tu donnais
dans les......... ce que tu devenais. Hélas! elle m'a-
vait promis de m'écrire; point de réponse. Adieu, Marcet, ta femme ferait le bien peut-être auprès de toi;
mais ici mon ame souffre mille morts. Adieu; celle qui
portait ton nom te supplie d'avoir pitié d'elle et de la
venir chercher; Sylvie triste mais heureuse si tu la sors
d'ici. Ah! pourquoi ne me suis-je pas jetée depuis un
4e étage. Maudit Bridel!

Note de M. Marcet. Au reçu de cette lettre, je partis
de suite, ce dont cette noble famille me fait un crime.

Après avoir lu à ma femme ma lettre d'adieu, elle
fut dans un état affreux, se jeta à mes pieds, parcourut

la chambre à genoux, me supplia de la ramener; je résistai et lui fis le serment de nouveau que nous serions vengés. Je ne partis pas; je fis conduire ma voiture à une assez grande distance. Je me cachai, voulant voir le résultat de la scène; elle se calma, et au moment où je montais en voiture, Mme Chastel m'apporta la lettre suivante qui prouvera, j'espère, que ma femme connaît aussi bien que moi le tort que sa sœur nous a fait :

Jure-moi, Marcet, de ne point faire de mal à ma sœur. Je me jette à tes pieds, la face contre terre. Au nom de tout ce que tu as aimé dans ce monde, ta mère, pardonne, pardonne. Pardonne Marcet, écris à ma tante Verdan, et tâche de me faire avoir de ses nouvelles.

M. Chastel te dira qu'il m'a vue ce soir. Je ne veux pas me coucher, ni les jours suivans, je ferai tous les efforts possibles pour ne boire ni manger. Envoie Jacques me chercher. Tu es bien sûr que je ferai tout mon possible pour résister aux tortures de la faim. Je prie Dieu qu'il me donne la force de ne pas manger. En me faisant sortir d'ici j'espère que ce ne sera pas pour me faire aller plus loin; c'est la mort que je demande à Genève ou à Ferney.

L'idée que peut-être tu feras fête pour mon départ avec tes domestiques, déchire mon âme de mille tourmens. Demande-leur de me pardonner ce que j'ai pu dire ou faire qui leur ait fait peine; dis à Grosjean qu'il prie Dieu pour moi. Adieu, adieu Marcet, ne fais pas fête en arrivant à Ferney. Tu m'as dit un jour : Maudite. Toutes tes paroles me l'ont dit. Prie Dieu pour qu'il tourne son regard sur moi et n'oublie pas ce que tu m'as promis. Si Dieu pouvait te faire lire dans mon âme, tu verrais que j'ai été bien plus coupable en paroles qu'en actions. Plus de père! plus de mari! moi qui espérais près de toi, en t'épousant, finir mes jours.

Mme Chastel te prie de ne pas nous laisser plus long-temps que le mois.

———

Tu dois avoir reçu une lettre samedi par la poste ou par Louise, remise à M. Rosier par le messager d'ici; je te demande avec supplication, larmes, de me faire sortir d'ici et d'obtenir que je sois réduite en cendres, ou à Genève ou à Ferney. Je n'ai rien à faire ici; je souffre mille morts. Sois le protecteur de l'infortunée Sylvie; sois.... et ne te laisse plus conduire par ceux qui te flattent et te trompent; sors-moi d'ici, Marcet, et obtiens ma mort ou d'une façon ou d'une autre. Daigne m'écrire tes intentions. Par retour, adresse-toi à qui a le pouvoir. Je ne suis pas catholique, je ne l'ai jamais été; je l'ai dit dans l'intention de me faire guillotiner. R. S. T. P.

Ah! si tu n'étais pas sourd, tu aurais vu les menées de ce qui m'entoure, et à quoi on m'a poussée, dans l'espoir de me faire donner la mort. Je viens de finir une paire de bas à la petite fille de M. Thevenot. Adieu, prends pitié de moi, sors-moi d'ici.

Envoie-moi demi-piastre pour une charité que je voudrais faire, une boîte d'oublies, un cahier papier.

COPIE

D'une Lettre de M. le Directeur de l'hospice du Betton,
à M. Marcet.

Hospice du Betton, 2 décembre 1832.

Monsieur,

Depuis votre départ du Betton, Madame Marcet m'a sollicité pour lui permettre de vous écrire. J'ai cru devoir y consentir, à la condition que sa lettre serait un peu raisonnable. Elle en a déjà fait trois que j'ai rejetées, parce que toujours elle demandait à être conduite à Genève pour y obtenir *la mort.* J'ai exigé que ce mot ne sortirait plus de sa bouche, et qu'il ne paraîtrait plus dans ses écrits. Elle a obéi; et, dans celle que j'ai cru devoir vous envoyer, elle désire seulement aller à Genève, où, dit-elle, elle se conduira mieux à l'avenir. C'est déjà un pas, il faut en profiter pour me seconder. Je vous prie de lui répondre directement à elle-même, que vous désireriez pouvoir venir la prendre, mais que cela ne vous est plus possible pour le moment; par la raison que les propos qu'elle a tenus à Genève et les actes peu raisonnables de sa vie passée, l'ont mise dans le cas de la réclusion dans une maison d'observation, et qu'elle n'en peut sortir que lorsque sa conduite sage et régulière aura prouvé qu'elle est devenue tout-à-fait raisonnable; et que les rapports sur son état, donnés à l'administration par Madame la supérieure et le médecin, lui auront été pendant quelque temps tout-à-fait favorables. Ménagez-vous toujours son amitié, et si vous avez quelques observations à me faire sur son compte, écrivez-moi une lettre à part. Excusez, je vous prie, la manière bizarre dont je suis obligé de me servir pour écrire, j'ai voulu profiter de cette lettre.

J'ai l'honneur d'être votre très-humble serviteur,

Signé: DIANAND. D.-M. C.

Vendredi, 31 novembre.

M. le Docteur et Mme la Supérieure de cette maison m'ayant assuré que je te serais remise de suite ou aux personnes nommées par toi, M. Eymar, agent de change, Grosjean, ou tout autre, Clavel, Aubert, je t'attends promptement ou plutôt ceux que tu m'enverras : on verra que je me conduirai bien chez toi à mon retour.

Adieu, Sylvie MARCET-FAUCHET.

Hospice du Betton.

Rosanne, je pense à vous, c'est vous dire bien des choses ; unie à M. Clavel, vous prierez M. Marcet de me sortir d'ici. J'espère voir arriver quelqu'un pour dimanche, ou si non une réponse positive. Si Marcet ne peut ni ne veut me recevoir, qu'il me fasse entrer à la Discipline de Genève, avec permission de voir M. Delarive ou tout autre médecin. Ma tristesse augmente ici loin de diminuer; reconduite à Genève, je serais mieux. Marcet, je me jette à tes pieds. Grosjean et ton domestique, pour dimanche, ou quelqu'un d'autre de Genève.

Vu, permis pour arriver à sa destination.

Hospice du Betton, 1.er décembre 1832.

Signé : DIANAND. D. M. C.

RÉPONSE

*De M. Marcet à la lettre précédente de son épouse,
écrite de l'hospice du Betton, le 31 novembre 1832.*

Sylvie, tu te rappelles que c'est d'après ton désir que je
t'ai conduite à Betton ; tu te rappelles ta lettre au
Pape où tu lui demandais d'être mise pendant trois
mois en pénitence. C'est au Betton qu'il m'a donné l'or-
dre de te conduire, et, du moment que tu ne pronon-
ceras plus les mots de guillotine, de te couper les bras,
les jambes, ou d'être réduite en cendres sur mon champ,
je te promets que je retournerai te rechercher. Travaille, file pour les pauvres, et lorsque Mme la Supérieure et M. le Médecin m'enverront un certificat attestant
que tu es redevenue femme raisonnable, nous revivrons
ensemble.

Il est inutile de m'écrire tant que tu ne tiendras pas tes
promesses. Adieu, ma bonne Sylvie, pense à ton pauvre
mari qui est si malheureux.

Ferney, ce 9 décembre 1832.

Signé : **MARCET.**

COPIE

*Du fameux codicille que j'avais le droit d'ouvrir. L'en-
veloppe seule me regardait. Je me suis ôté de suite
3,000 fr. de rentes.*

Après avoir obtenu le pardon de mon mari de l'é-
norme faute que j'ai commise à la Tour ; voulant l'obtenir de Dieu de même,

Je donne tout mon bien aux pauvres, cinq portions à l'hôpital général de Genève, deux portions à l'église des Protestans de Ferney, une portion à l'église catholique. Je veux que ces trois portions soient placées; que chaque année on fasse des charités en mon nom aux pauvres, les priant d'être mes intercesseurs auprès de lui, pour obtenir le pardon de toutes les fautes que j'ai commises.

Fait à Ferney, le 10 octobre 1830,

Signé : SYLVIE MARCET.

J'attends mes ennemis devant l'Etre suprême, tribunal où il n'y a point d'influence: là, je deviendrai leur dénonciateur. En attendant, je les rends, dès à présent, responsables de toutes les souffrances que cette infortunée a éprouvées ou éprouvera. J'en ai le droit, moi qui avais fait le serment de la soigner et de la rendre aussi heureuse que son état le comportait.

JEAN MARCET-FAUCHET.